Bogen om password

John Madum

Bogen om password

Irriterende – men helt nødvendige

En guide til den almindelige it-bruger derhjemme

Illustrationer: Inge Merete Fledelius

Forlag: Books on Demand GmbH, København, Danmark

Tryk: Books on Demand GmbH, Norderstedt, Tyskland

ISBN: 978-87-7170-465-5

Indholdsfortegnelse

Indholdsfortegnelse.. 13

Figurliste 14

Anekdoter 15

Forord 9

For den almindelige it-bruger... 11

   Hvad betyder hacker og de andre ting? 11

   Hvad går det ud på – det der med password? 15

   Hvordan virker et password? 18

   Hvordan opretter jeg et stærkt password, som er nemt at huske?....... 21

   Hvordan husker jeg mange password? 25

   Hvor tit skal jeg skifte mit password?... 32

   Skal jeg virkeligt bruge forskellige password?..................................... 36

   Det farlige standard-password, hvad er det?.. 42

   Hvad er "menneskelig adfærd"? 45

   Forbudte password, hvad er det? 50

   Hvad gør hackerne?.. 56

   Min private password-politik derhjemme – hvad gør jeg? 70

   En hilsen fra forfatteren 76

Bilag 1 – Traceroute til www.google.dk 78

Bilag 2 – Password – mulige kombinationer 79

Bilag 3 – Password – cracking tider 80

Om forfatteren 81

Bidrag til bogens tilblivelse.. 82

Figurliste

Figur 1 - Kryptering af password... 19

Figur 2 - Password-hash-værdier... 20

Figur 3 - Pinkode-husker - din kode.. 27

Figur 4 - Pinkode-husker - udfyld med tal 28

Figur 5 - Pinkode-husker - mange kort 29

Figur 6 - De forbundne kars princip.. 38

Figur 7 - Eksempler på standard-password 43

Figur 8 - Dansk standardtastatur 52

Figur 9 - Password – mulige kombinationer 61

Figur 10 - Password – cracking tider.. 62

Figur 11 - Password - cracking metoder 63

Figur 12 - Peters konti 72

Anekdoter

Anekdote 1 – Hvornår er en konto personlig? 11

Anekdote 2 – Telefonselskabets konsulent 40

Anekdote 3 – Det trådløse netværk 42

Anekdote 4 – Velkomstmappen 44

Anekdote 5 – Black Hat 45

Anekdote 6 – Joshua - WarGames 47

Anekdote 7 – Samme password på alle konti 49

Anekdote 8 – Top 10 Password 51

Anekdote 9 – Password - Joke 55

Forord

Hvornår er du sidst blevet bedt om at oprette et password[1] til din internetbank, din facebook konto[2] eller noget helt tredje og tænkt, at nu skal det være super stærkt - og så alligevel valgt det samme password, som du bruger alle andre steder?

Næst efter fysisk sikkerhed (låse, nøgler og den slags), er password, nok den mest udbredte sikkerhedsmekanisme.

Som Ethical Hacker (ja, det hedder det nu om dage), it-sikkerhedskonsulent og it-revisor har jeg i en lang årrække beskæftiget mig med password i enhver afskygning. Jeg har derfor haft rig lejlighed til at drøfte password med alle og enhver, både i forbindelse med de stillede krav og folks private nysgerrighed.

Disse mange snakke har efterladt et indtryk af, at det med password i første omgang er besværligt, og i anden omgang er svært, umuligt og kompliceret, for ikke at tale om urimeligt, håbløst og sk... irriterende. Jeg har derfor sat mig for at afsløre for læseren, at sådan behøver det ikke være.

Bogen er skrevet til den ganske almindelige it-bruger, hvilket jo er os allesammen. Bogen er derfor skrevet i et sprog, så den kan læses af de fleste. Det betyder bl.a., at jeg har udeladt tekniske detaljer, hvor det ikke giver

---

[1] **Password:** a) Til hver konto er knyttet et password. Du skal kende både konto og password for at få adgang.
b) Kært barn har mange navne. Password, adgangskode, pasord, kendeord, kodeord, løsen, pinkode, nøgle, key word, ticket er alle ord for det samme. Jeg foretrækker personligt password, derfor bruger jeg konsekvent password i bogen.

[2] **Konto:** For at kunne anvende et it-system skal man have en konto, ligesom man skal have en konto i banken. Konto eller konti, anvendes som fællesbegreb for brugerkonto, bruger-id, administratorkonto, et login m.v.

meningsforstyrrende fejl. For den mere krævende læser har jeg forsynet teksten med forklarende fodnoter.

På grund af sin nemme tilgængelighed er bogen velegnet i undervisningssammenhæng, hvor kyndige lærerkræfter kan drøfte bogens emner med eleverne. Bogen er også tænkt anvendt af virksomhedernes it-sikkerhedsfolk i arbejdet med at gøre virksomhedens medarbejdere mere bevidste[3] om it-sikkerhed.

Det har været min hensigt, at bogens afsnit skal kunne læses uafhængigt af hinanden, helt efter læserens interesser og hensigt med læsningen. Jeg har derfor i marginen noteret referencer til andre afsnit, hvor der findes yderligere informationer om et givent område.

Jeg har også forsynet bogen med anonymiserede anekdoter. Skulle der sidde en læser, som er med i historien, men som ikke genkender den, undskylder jeg mange gange, men det var faktisk heller ikke meningen.

I øvrigt har jeg valgt Peter Jensen som min test-, forsøgs- og referenceperson. Ifølge Danmarks Statistik er henholdsvis Peter og Jensen de mest anvendte for og efternavne i Danmark per 1. januar 2014.

---

[3] Ofte omtalt som Information Security Awareness

For den almindelige it-bruger

I det moderne samfund er vi jo allesammen almindelige it-brugere. Vi bruger it, når vi kommunikerer med det offentlige og rigtigt mange af os bruger e-mail, netbank eller facebook dagligt. Bogen er ikke skrevet til it-specialister, så du behøver ikke have nogen specielle forudsætninger for at være med.

Hvad betyder hacker og de andre ting?

Normalt vil du finde "ordforklaringen" bagerst i bogen – det gør du ikke her. Det er vigtigt, at vi forstår det samme ved de forskellige begreber, der bruges i bogen, så jeg har valgt at starte med "ordforklaringen".

Anekdote

Et lille tankeeksperiment. Hvordan ved man, om en konto er personlig eller ikke? Man kan godt finde argumenter omkring kontoens navn, særkende eller andet, men svaret er langt mere simpelt. Hvis mere end en person kender password til en konto, er den ikke personlig.

Så hvis du fortæller password til din personlige konto til Facebook (eller noget andet) til din ven eller veninde, så er kontoen ikke længere personlig.

Anekdote 1 – Hvornår er en konto personlig?

Hvad er en hacker?

Det er ikke så nemt at definere en hacker entydigt, specielt fordi ordet er meget følelsesladet og mange (måske de fleste) opfatter en hacker som en person, der vil ondt (The Evil Hacker). Det er jo også sådan hackeren bliver omtalt i medierne.

Jeg har fundet et par definitioner fra Wikipedia. Som man ser, er ordet ikke "godt" eller "ondt", men neutralt og fokuserer på kompetencer og udfoldelse af disse. Disse udfoldelser kan så være "gode" eller "onde", "lovlige" eller "ulovlige", men selve ordet hacker har ingen indbygget værdi. For ikke at forvirre læseren unødigt, har jeg alligevel brugt hackere som udtryk for dem, der er på den forkerte side af loven og it-sikkerhedsfolk om dem, der er på den rigtige side.

- **Hacker (term)**, is a term used in computing that can describe several types of persons. Hacker (computer security) someone who seeks and exploits weaknesses in a computer system or computer network.
- **Hacker (hobbyist)**, who makes innovative customizations or combinations of retail electronic and computer equipment.
- **Hacker (programmer subculture)**, who combines excellence, playfulness, cleverness and exploration in performed activities.

Hvad er det at cracke?

Når en hacker forsøger at bryde et password, kalder man ham for en **Cracker** og siger, at han er i gang med at **cracke** et password.

Ordet Cracker har en lang række af formelle betydninger: det kan være en saltkiks, det kan være fyrværkeri og det kan være en person.

Jeg har fundet et par definitioner fra Wikipedia:

- **Cracker**, or Hacker (computer security), a person who exploits weaknesses in a computer or network.
- **Cracker**, a person who uses password cracking to recover passwords.
- **Cracker**, a person who uses software cracking to modify a program.

Jeg har valgt at definere cracking som aktiviteten at forsøge at finde et password på baggrund af en password-hash-værdi[4].

Hvad er forskellen på et ordbogsangreb og et Brute Force angreb?

Begge begreber anvendes om de metoder, en hacker anvender, når han skal finde et password. Et ordbogsangreb tager udgangspunkt i en liste med password, som afprøves et af gangen, uanset hvor lang listen måtte være. Et Brute Force angreb afprøver alle de forskellige kombinationsmuligheder, der måtte være for et givent password. Først "a", så "b" senere "aa", så "ab" osv.

Hvad er forskellen på et password og en passphrase?

Man kan sige, at en passphrase også er et password, men at et password ikke er en passphrase. Der findes ingen god oversættelse af passphrase, men en passphrase består typisk af flere ord i rækkefølge, som danner en sætning. Et eksempel på en passphrase kunne være "SeDenLilleKatteKilling". Fordi passphrasen i eksemplet udgør en sætning er det meget nemmere at huske, mens de mange tegn gør det både mere sikkert og mere besværligt at indtaste.

---

[4] Password-hash-værdier er beskrevet i afsnittet "Hvordan virker et password?".

Hvad går det ud på – det der med password?

Opfindelsen af password går tilbage til oldtiden og udspringer af ønsket om at kunne identificere en person. Før man giver en fremmed adgang eller overlader ham sine oplysninger, vil man gerne forvisse sig om, at vedkommende er den, han udgiver sig for at være. Til det formål har sikkerhedsbranchen defineret 3 begreber:

- Noget man har
- Noget man er
- Noget man ved

Noget man har

Det bedste eksempel på noget man har, er det danske NemID nøglekort. Hvis du har Peter Jensens nøglekort, så er du sikkert Peter Jensen. Et andet eksempel fra hverdagen er politiets køretøjer og uniformer. Hvis du bliver stoppet af uniformerede personer i en politibil, så er det sikkert politiet.

Noget man er

Der er her tale om personlige kendetegn som højde, vægt, øjenfarve, køn, oprindelse, tatoveringer, fysiske skavanker m.v., for at nævne en række kendetegn, som er synlig for det menneskelige øje. For andre kendetegn kræves en teknisk medvirken, dette gælder f.eks. fingeraftryk, irisscanning, blodtype m.v. Indenfor it kalder man dette for biometrisk identifikation.

Noget man ved

Grundtanken er, at hvis du kender visse detaljer, som kun Peter Jensen kender, så er du sikkert Peter Jensen. Det er dette princip, der anvendes i passwords. Hvis Peter Jensen har oprettet passwordet, og du kender til det, så er du sikkert Peter Jensen.

Flerfaktor-identifikation

Af ovenstående kan man se, at nogle elementer er stærkere end andre. Hvis man identificerede Peter Jensen udelukkende på køn, vil der være stor risiko for at tage fejl, idet ca. halvdelen af befolkningen er mandlig. For at opnå en højere grad af sikkerhed for, at Peter Jensen **er** Peter Jensen, kombinerer man 2 eller flere af ovenstående begreber, hvilket man kalder fler-faktor-identifikation[5].

Nogle almindelig kendte eksempler på fler-faktor-identifikation er:

Pas

Når vi rejser rundt i verden, benytter vi et pas til identifikation af den enkelte person. Du skal altså være i besiddelse af passet (noget man har), og du skal ligne personen, som er beskrevet i passet, og som ses på pasfotoet (noget man er). Passet indeholder i dag oplysninger om køn, øjenfarve, højde og alder, ligesom nogle lande arbejder med tilføjelse af biometriske data i passet, typisk i form af fingeraftryk.

NemID-login

Når man ønsker at foretage NemID-login, skal man først angive sin bruger-id og adgangskode (noget man ved). Dernæst får man en kode, som man slår op på sit NemID nøglekort (noget man har), for dernæst at indtaste svaret. Først derefter får man adgang.

---

[5] I it-sikkerhedskredse kalder man det for 2FA (Two Factor Authentication eller MFA (Multi-factor Authentication).

Gamle dage

Problemstillingen med at identificere personer har været kendt i århundreder - hvis ikke årtusinder, og der findes stadig mange synlige spor heraf. Specielt "noget man har" har været flittigt anvendt, tænk bare på kronregalier[6] som kroner, sceptre og rigsæbler, borgmesterkæden eller uniformer i bred forstand. Hvis man var i besiddelse af disse fysiske ting, var man som udgangspunkt den person, som tingene repræsenterede.

Tidligere anvendte man primært password i militær sammenhæng, til at bestemme om en person kunne lukkes ind eller ikke. I moderne tider er det mundtlige password stort set erstattet af andre måder at identificere personen på.

---

[6] Wikipedia: Kronregalier er værdighedstegn, insignier, som kongelige personer bruger til at demonstrere magt. Deres formål er at fastslå en persons ret til at herske over en bestemt gruppe personer eller et geografisk territorium. De vigtigste kronregalier er kroner, sceptre og rigsæbler.

Hvordan virker et password?

Dette er ikke en teknikbog, så du vil ikke finde alle de tekniske detaljer om de forskellige metoder heri. Derimod får du så meget information, at du kan forstå princippet og med lidt held måske også høre, når der vrøvles i radioen eller fjernsynet.

Du skal forestille dig, at du taster dit password, og det bliver sendt fra den ene maskine til den næste over internettet, indtil det når frem til det system, du gerne vil have adgang til (maskinen kan selvfølgelig også stå nede i maskinstuen)[7]. På hver af disse maskiner gemmes dit password et øjeblik (eller måske længere?), før det sendes videre. En dygtig tekniker kunne jo tage et kik på det, mens det lå der.[8]

Det går ikke, så sikkerhedsbranchen har selvfølgelig for længst fundet bedre løsninger. Hvis du browser på internettet, har du måske bemærket en lille hængelås eller bemærket, at der står https i stedet for http. Det betyder, at det, der sendes mellem din maskine og hjemmesiden, er krypteret. At det er krypteret betyder, at det ikke kan læses undervejs, eller mere præcist, at **hvis** det læses undervejs, vil det ikke give nogen mening.

En anden ting, som sikkerhedsbranchen har indført, er at kryptere selve passwordet, så det ikke kan forstås, skulle nogen alligevel få fat på det.

---

[7] I bilag 1 kan du eksempelvis se, hvor mange forskellige maskiner vi skal igennem, for at komme til www.google.dk – nemlig 13.

[8] Telnet, som er et system fra sidst i 60'erne, virker på den måde. Findes stadig, men burde ikke anvendes længere.

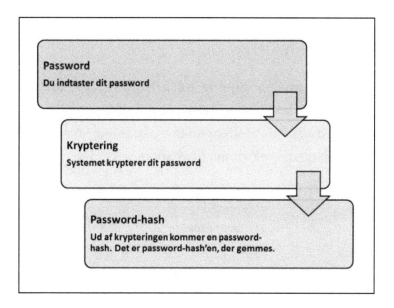

Figur 1 - Kryptering af password

Password

Der findes forskellige varianter af passwordprocessen, men her redegøres for den mest udbredte metode, anvendt af for eksempel Windows. Når du skal oprette et password - eller bare benytte et password, som du allerede har - taster du passwordet ind i rette felt på skærmen. Som oftest vil skærmen vise "*" i stedet for de tegn, du indtaster. Dette for at folk, der måske kikker dig over skulderen, får sværere ved at aflure dit password.

Kryptering

Din maskine krypterer herefter det indtastede password med en såkaldt krypteringsalgoritme[9]. Krypteringsalgoritmen er en metode, hvormed systemet omformer dit password fra noget læsbart til noget "uigenkendeligt".

---

[9] Windows LanMan anvender MD4, Windows NTLMv1 anvender DES, Windows NTLMv2 anvender MD5, etc.

Uanset hvilket password du måtte vælge, vil password-hash-værdierne altid være lige lange.

Krypterings-algoritmerne, der anvendes, er såkaldte "one-way" funktioner, som er designet på en måde, at det ikke er muligt beregne sig tilbage fra en password-hash-værdi til det password, som du indtastede (ordet "passphrase" i eksemplet herunder).

Dit password	Krypterings-algoritme	Password-hash
Passphrase	LanMan (MD4)	855c3697d9979e78ac404c4ba2c66533
Passphrase	NTLM (DES)	NT7f8fe03093cc84b267b109625f6bbf4b

Figur 2 - Password-hash-værdier

Password-hash

Det er password-hash-værdien, som din maskine sender over netværket, og det er password-hash-værdien, som systemet gemmer. Dit oprindelige password smides bare væk.

For at få denne proces til at virke, er du nødt til at huske på passwordet, så du kan taste det ind. Passwordet gemmes dog ingen steder (med mindre du selv skriver det ned, men det gør du vel ikke?).

Så når du hører i radio eller tv, at nu har hackere fået adgang til så og så mange password, så er det med stor sandsynlighed password-hash-værdier, de har fået fat på, og det er jo en hel anden sag. Hvis du vil vide, hvordan hackerne alligevel finder dit password med udgangspunkt i password-hash-værdier skal du læse afsnittet "Hvad gør hackerne?".

Hvordan opretter jeg et stærkt[10] password, som er nemt at huske?

Der findes et utal af metoder til at finde på stærke password, som også er nemme at huske. Den grundlæggende ide er, at du finder på en metode, og at du holder metoden hemmelig. I det efterfølgende beskriver jeg nogle metoder, som du sagtens kan bruge. Du kan finde flere på internettet.

Der er forskel på, om du skal lave et password eller en passphrase. Passphrases er jo i natur svære at gætte, så jeg vil fokusere på password og kun beskrive én metode for oprettelse af passphrases.

Metode - En oplevelse

Passphrases er en sammensætning af flere ord, der typisk danner en sætning. På grund af længden anvendes passphrases ikke så ofte, som de burde. Passphrases er særligt anvendelige til konti, som kan forsøges tilgået via internettet eller ude fra gaden på dit trådløse netværk. Hvis du alligevel kun skal taste passwordet sjældent og ikke påtænker at skifte det, var det måske en ide med en passphrase i stedet.

En af de gode metoder til at vælge en passphrase er at tage udgangspunkt i en oplevelse, du lige har haft. Det må gerne være en du deler med familien, men måske ikke en du deler med resten af verden. Lad os sige, at Peters datter lige er startet i skolen, så vælger han følgende passphrase

---

[10] Man kalder et password for et stærkt password, når det er svært at bryde eller gætte.

"MariaErStartetISkolenIdag2015". Det burde være nemt for Peter at huske, hvis ikke kan han jo skrive en husker til sig selv "Maria Skolestart".

Metode - Interesse

Min favoritmetode, og så har jeg jo røbet, at jeg også anvender den selv ind imellem, er én vi passende kunne kalde interesse. Lad os sige, at Peter er meget interesseret i biler. Peters metode er:

- Jeg vælger et af mine favorit-bilmærker.

- Jeg fjerner det sidste bogstav i navnet.

- Jeg bruger min datters initialer med stort, efterfulgt af hendes alder.

- Jeg sætter initialerne og alderen ind fra nummer 3.

- Jeg bruger mit yndlings specialtegn sidst.

Hvis Peters favorit bilmærke er Ferrari, hans datters navn er Maria Jensen, Maria er 7 år gammel, og han foretrækker "?", så bliver hans password "FerMJ07rar?". Som "husker" kunne han skrive "Marias Ferrari".

Hvis Peters favorit bilmærke er Suzuki, hans datters navn er Maria Jensen, Maria er 7 år gammel, og han foretrækker "=", så bliver hans password "SuzMJ07uk=". Som "husker" kunne han skrive "Marias Suzuki".

Ovenstående kan varieres i det uendelige, og du kan sikkert finde en variant, der passer dig og dit temperament.

Hvis vi lige skal gennemgå de password, der er anvendt i afsnittet "Min private password-politik derhjemme – hvad gør jeg?" på side 71, så:

"Min private password-politik derhjemme – hvad gør jeg?"

Cit35roe# Her er metoden lidt anderledes, idet initialerne er udeladt, men ellers er brugt Citroen, Peters alder og et "#". Som "husker" kunne han skrive "Peters Citroen".

HonPJ35d? Her er brugt en Honda, Peters initialer, Peters alder og et
"?". Som "husker" kunne han skrive "Peters Honda".

Ove35rlan# Samme metode som med Citroen, men ellers brugt
Overland, Peters alder og et "#". Som "husker" kunne han
skrive "Peters Jeep".

P0&/(l0 Her er metoden helt anderledes, kan du se den?
Det er jo en Polo, det er tydeligt – ikke?
De to o'er er skiftet ud med "0".
I midten er brugt specialtegn over "6,7,8" på tastaturet,
som indgår i nummerpladen på Peters Polo.

Metode - Børnesang

I sin rene form tager du bare det første bogstav i hvert af de første 8-10
ord i din yndlings børnesang. Peters favorit børnesang er "Se den lille
kattekilling (nej, hvor er den sød!)", så Peters password ville blive
"Sdlkn,heds". Som "husker" kunne han skrive "Kat".

Også her er der adskillige variationer, det behøves ikke være en børnesang,
det behøves overhovedet ikke være en sang, det kunne bare være en
tekst, du kan tage andet tegn i stedet for det første tegn osv.

Metode - Bog

Denne metode er taget direkte ud af den kolde krigs Hollywood-film. Du
skal bruge en tekst fra en bog, en avis eller andet. Du må så finde på en
metode som; første tegn på hver side, andet tegn på hver side, første tegn
i første afsnit på hver side osv. Som du sikkert kan se, kan man gøre det
mere eller mindre svært for sig selv, men mon ikke en metode midt i
mellem er god nok?

I spionfilm ville man nok vælge dagens avis, med start på side 7. I praksis er det nok ikke så smart med en avis, der bliver ældre og ældre, og som man risikerer, at nogen smider ud.

Hvis Peter er præst, eller af en anden grund har daglig kontakt med biblen eller anden religiøs skriftsamling, var dét jo en mulighed.

Hvis Peter er færdselsbetjent, var det måske færdselsloven.

Hvis Peter laver meget mad, var det måske "Frøken Jensens Kogebog".

Da man må gå ud fra, at Peter kan huske, hvilken bog han brugte, behøver han bare notere sig et sidenummer, måske flere sidenumre, hvis han har flere password, han skal huske.

Jeg har lavet et eksempel, hvor Peter er jurist, så han har valgt "Danmarks Riges Grundlov nr. 169 af 5. juni 1953". Han tager det første bogstav i hvert ord, kommer der specialtegn eller tal i teksten medtages disse. Peters password er 10 tegn langt. Som "husker" har Peter noteret "85", og password er således "Ffedi§§71,". Hvis du vil, kan du selv finde § 85 i "Danmarks Riges Grundlov nr. 169 af 5. juni 1953" og se, om passwordet er korrekt.

Fælles for disse "bog" password er, at de ikke altid er nemme at huske, selv om man vel ikke kan afvise, at en jurist kan huske grundloven. Til gengæld vil de så være nemme at slå op.

Hvordan husker jeg mange password?

Du skriver dem ned! Nej det gør du selvfølgelig ikke, vi må finde på noget bedre. I it-sikkerhedskredse er det en stående vittighed, at passwordet står på en gul lap under tastaturet, så hackere og It-sikkerhedsfolk ved godt, at passwordet kunne være nedskrevet, og de ved også godt, hvor de skal lede efter det.

For mange er det sådan, at hvis de har password skrevet ned, og sedlen ligger i lommen, så vil den sikkerhed det giver betyde, at de IKKE glemmer passwordet. Så det betyder, at vi leder efter en metode, der kan give samme sikkerhed uden risikoen for, at nogen finder sedlen.

Der er mange metoder, som kan hjælpe. Jeg har beskrevet nogle af mine favoritter. Udgangspunktet er, at du vælger den metode, der passer bedst for dig, for der er jo stor forskel på, om man skal huske 3-4 forskellige password eller 3-400.

Hvad med Pinkoder?

Det mest pinlige password man kan glemme, er pinkoden til dankortet. Fredag eftermiddag med hele indkøbskurven fyldt - 12 mennesker i kø - 2 skrigende børn og så er pinkoden væk.

Når vi taler om pinkoder, så er pinkodehuskeren eminent. Der sker ikke noget ved at finde den frem i køen, for kun du kan finde pinkoden, og så er dagen reddet.

Det er ikke lykkedes mig, at finde ud af, hvem der har opfundet pinkodehuskeren, men en sådan findes. Den var vel oprindeligt tænkt som et stykke papir eller karton, men kan nu også fås i en app version til din smartphone.

Princippet går kort fortalt ud på, at du har en række felter (i eksemplet i 4 forskellige farver), som du udfylder med tallene 0-9 med lige mange af hver. Selv om du skriver på pinkodehuskeren hvad pinkoden er til (i eksempel 1-4 er det til MasterCard) så er det kun dig selv der ved, hvor på kortet din kode står. Intet på pinkodehuskeren skulle gøre det muligt for andre at udlede din kode, hvis de kom i besiddelse af pinkodehuskeren.

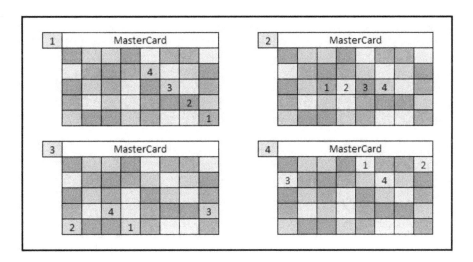

Figur 3 - Pinkode-husker - din kode

Du starter med at placere din pinkode på kortet, et sted hvor du kan finde den igen. Jeg har lavet 4 eksempler for Peters pinkode til hans MasterCard (1234), du kan selv finde på flere.

Eksempel 1

Jeg starter i nederste højre hjørne og arbejder mig diagonalt op.

Eksempel 2

Jeg har valgt de 4 felter i midten af kortet.

Eksempel 3

Jeg har valgt de sidste 4 grønne felter og starter bagfra.

Eksempel 4

Jeg har valgt de første 4 gule felter.

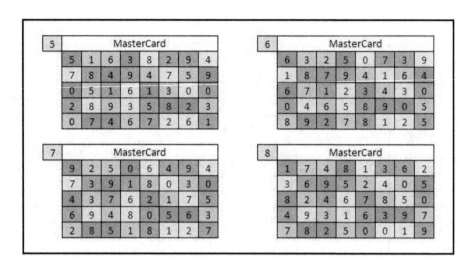

Figur 4 - Pinkode-husker - udfyld med tal

Du udfylder dernæst alle felter med tal således, at alle tal fra 0-9 kan findes netop 4 gange, hvorefter det i praksis er umuligt for andre at finde din kode. Billederne 5 til 8 svarer til billederne 1-4 fra tidligere.

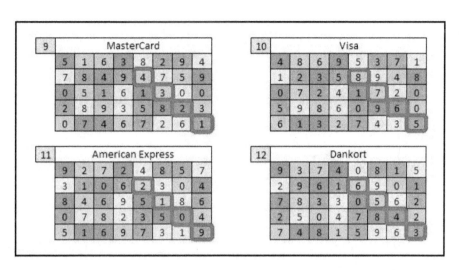

Figur 5 - Pinkode-husker - mange kort

Hvis du har mange pinkoder, som du skal huske, er fidusen, at du bruger samme placering af pinkoden på alle pinkodehuskere. Jeg har lavet 4 eksempler for Peters kredit og betalingskort:

MasterCard   Pinkode 1234
Visa   Pinkode 5678
American Express   Pinkode 9012
Dankort   Pinkode 3456

Huske-tekst

For de fleste andre password har du bedre tid til at finde passwordet. Hvis du har anvendt en af de teknikker, jeg har skrevet om i afsnittet "Hvordan opretter jeg et stærkt password, som er nemt at huske?", så skulle det jo være muligt, at finde passwordet ud fra din huske-tekst. De fleste vil kunne huske passwordet med udgangspunkt i huske-teksten.

"Hvordan opretter jeg et stærkt password, som er nemt at huske?"

Du husker måske Peters huske-tekst fra afsnittet "Hvordan opretter jeg et stærkt password, som er nemt at huske?" – "Maria Skolestart". Den skulle lede Peter hen på en passphrase "MariaErStartetISkolenIdag2015"

Du kan uden stor risiko skrive dine huske-tekster ned på en liste og have den med dig.

Nogle systemer vil også vise dig huske-teksten, hvis du ikke kan huske dit password. Det kræver selvfølgelig, at du har oprettet en huske-tekst.

Nedskrive

Der kan være situationer, hvor man bare ikke **MÅ** miste sit password. I de situationer kan det være nødvendigt at nedskrive passwordet. Du nedskriver passwordet på et ark papir, lægger papiret i en kuvert, og lægger kuverten i pengeskabet. Hvis du ikke har et pengeskab, kan du jo finde et andet velegnet sted. Du kan jo altid øge sikkerheden ved at have to kuverter med hver sin halvdel af passwordet og gemme dem to forskellige steder.

Password-database

Den sidste metode, jeg vil nævne, er egentlige password-databaser. Du skriver alle dine password ind i databasen, og vælger et meget stærkt password (master-password) til din password-database. Passwordene er herefter beskyttet mod adgang, og du skal kun huske ét password (master-password), måske er det netop det password, som du har skrevet på papir og lagt i pengeskabet.

Der findes mange password-databaser til salg eller endda gratis. Jeg vil ikke reklamere for en bestemt password-database, men prøv at søge på internettet efter "Password Database". Nogle gange kaldes de også Password Managers. Jeg har selv anvendt KeePass[11] og kender folk, der anvender OneSafe[12].

De fleste password-databaser har ydermere funktioner til at danne stærke password. Jeg lod lige mit eget system danne et stærkt password på 20 tegn – "&f:D8e9ZK.lg$?,yY"?i". Et sådant password er jo helt umuligt at huske, ingen debat om det. Hvis du bruger en konto så sjældent, at du alligevel skal ind i databasen og slå passwordet op, kan du lige så godt lade systemet lave et super-password til dig.

Nogle af disse password-databaser vil have versioner (APPs) til både din PC, din smartphone og din tablet. Med lidt snilde kan du måske få systemerne til at synkronisere selve databasen (som bare er en fil) mellem enhederne, så du altid er opdateret.

Da din password-database er beskyttet af dit stærke password og af systemets kryptering, kan du sagtens sende filen i en e-mail. Hvis du vil tage en backup, eller du ikke kan få synkroniseringen til at virke, kan du bare sende database-filen til dig selv og gemme den det rigtige sted.

---

[11] KeePass Password Safe findes til mange platforme. (http://keepass.info)
[12] OneSafe Password Manager findes til mange platforme. (http://www.onesafe-apps.com)

Hvor tit skal jeg skifte mit password?

Derhjemme må du selv om, om du skifter dit password, men på jobbet skal du som regel følge de anvisninger, der er angivet i password-politikken.

For at kunne give et mere nuanceret svar på spørgsmålet, må vi se lidt på årsagerne til, at vi skifter passwordet. Man kan vel sige, at der er 3 hovedargumenter for at skifte sit password.

Dit password bliver slidt

Lidt populært kan man sige, at dit password bliver slidt. Hver gang du bruger dit password, er der en lille risiko for:

- at nogen har set, hvad du tastede.
- at du tastede passwordet i det forkerte felt, så det pludselig optræder midt i et word dokument, som bruger-id, eller andre steder.

Over tid stiger sandsynligheden for, at andre kender dit password. Du kan selvfølgelig argumentere for, at du kun taster dit password på din stationære maskine derhjemme, så ingen kan se, hvad du taster. Jeg forstår argumentet og kan se, at det taler for længere tid mellem password skift, men ikke at det taler for aldrig at skifte password. Aldrig er meget lang tid.

Har du den mindste mistanke om, at nogen har set dit password (gælder også pinkoder og passphrases), skal du skifte password straks. Du skal huske alle de steder, du har brugt det password.

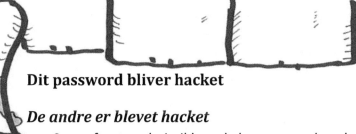

Dit password bliver hacket

De andre er blevet hacket

Som oftest er du jo ikke selv herre over, hvorledes de forskellige virksomheder passer på dine data (bruger-id og password-hash), så det sker jo jævnligt, at virksomheder eller andre bliver hacket, og nogen render med password-filen. Password-filen indeholder normalt ikke selve passwordet, men password-hashen, som beskrevet i afsnittet "Hvordan virker et password?".

"Hvordan virker et password?"

Det vi ønsker med password-skiftet, er at sikre, at når hackeren har fået cracket password-hashen og fundet dit password, så har du skiftet passwordet til et nyt, og hackeren må begynde forfra.

"Hvad gør hackerne?"

I afsnittet "Hvad gør hackerne?" beskriver jeg, hvor langt tid det tager at cracke et password og viser, at det er et produkt af password længden og antallet af mulige forskellige tegn (bogstaver, tal, etc.). Vi kan se, at hvis vi er omhyggelige med at oprette et stærkt password, kan det tage meget langt tid for hackeren at cracke vores password. Når vi blive bedt om at skifte password hver 90 dage (som vi typisk gør), er det fordi, virksomheden vurderer, at overholder du deres password-politik herunder password-skift, så er der lille sandsynlighed for, at en hacker kan nå at cracke dit password, før du har skiftet det.

Har du den mindste mistanke om, at dit password (gælder også pinkoder og passphrases) er blevet hacket, skal du skifte passwordet straks. Du skal huske alle de steder, du har brugt det password. Hvis du ved, hvor dit password er blevet hacket, skal du sørge for, at du ikke bruger det nye password på netop den hjemmeside eller til netop det system nogen andre steder, for hackere har det med at efterlade bagdøre[13], så de kan komme tilbage og stjæle password-filen på ny.

Du er selv blevet hacket

Hvis du selv er blevet hacket, så er situationen en helt anden. Så gælder det om at begrænse skaderne ved f.eks.:

- at slukke det apparat du tror, er blevet hacket.
  - o overvej om andet af dit eller familiens udstyr også kunne være ramt.

- for en sikkerheds skyld kan du bruge lånt udstyr til de følgende aktiviteter.

- at rubbe neglene. Du kan godt rådføre dig med andre, men skal du skifte password, skal du i gang hurtigst muligt.

- at oprette en ny mailkonto (e-mail-adresse).
  - o nogle hjemmesider sender dig en bekræftelse indeholdende det nye password, dette skulle jo ikke ende hos hackeren.
  - o nogle hjemmesider sender dig et link til deres password-skift funktion, dette skulle jo ikke ende hos hackeren.

- at skifte alle dine password.
  - o start med password til din mailkonto (e-mail-adresse).
  - o skift din e-mail-adresse hos de forskellige hjemmesider (bare for en sikkerheds skyld).

- at overveje om der er konti, der skal lukkes (hvis hackeren f.eks. har været inde og skifte password før dig).

- at geninstallere det udstyr, der er blevet hacket.

---

[13] En bagdør er et program, der giver uvedkommende adgang til din pc eller server via internettet, uden at du ved det.

- at afbryde forbindelse til internettet, når geninstallationen foregår (det er ofte ikke muligt).

- at slukke alt udstyr, som ikke er geninstalleret, så hackeren ikke kan springe omkring.

- at forsøge at finde årsagen til, at du blev hacket.

Tiderne skifter

Det sidste argument for at skifte password, som er en af grundreglerne indenfor it-sikkerhed er, at tiderne skifter. Risikobilledet skifter hele tiden. Udstyret bliver bedre og bedre, hurtigere og hurtigere og hackerens værktøjer bliver bedre og bedre osv. Det betyder, at de regler, der er gode nok i dag, kan være utilstrækkelige i morgen.

Generelt syntes et password på mindst 8 tegn at være god latin i dag, men måske skal det ændres til mindst 10 tegn i morgen.

Skal jeg virkeligt bruge forskellige password?

Det korte svar er ja. Hvis du vil være bedst i klassen og have den højeste sikkerhed, så genbruger du aldrig et password. Du genbruger ikke password mellem systemer, og du genbruger heller ikke password over tid. Hvis hackeren får fat på dit password, gemmer han det til "evig tid" og deler det måske med vennerne på internettet.

På jobbet gør du som firmaets password-politik foreskriver, men genbruger desuden ikke password.

"Min private password-politik derhjemme – hvad gør jeg?"

Derhjemme kan du jo gøre, som du vil, men det er en rigtig god ide at bruge lidt tid på at overveje, om det skal være enten/eller, om alle password skal være ens, eller alle password skal være forskellige. Måske du kan bruge noget midt imellem, hvor du deler dine konti op i grupper (Vigtige – Banken, Lidt vigtige – Facebook og ikke vigtige – Håndboldklubben) og så har et password til hver af grupperne. Læs mere om det i afsnittet "Min private password-politik derhjemme – hvad gør jeg?".

"Hvordan opretter jeg et stærkt password, som er nemt at huske?"

Når det så er sagt, så skal det også nævnes, at det godt kan lade sig gøre, at have forskellige password på alle konti, uden det bliver umuligt at have med at gøre. Hvis du anvender en password-database, vil denne ofte kunne danne et stærkt password, som du kan bruge. Disse automatisk dannede password kan du bruge til alle de steder, hvor du kun skal ind en gang imellem, typisk steder på internettet. På steder, du bruger regelmæssigt, kan du så bruge password, du selv har fundet på, se f.eks. i "Hvordan opretter jeg et stærkt password, som er nemt at huske?".

Hvorfor skal jeg bruge forskellige password alle steder?

Det logiske opfølgende spørgsmål til "Skal jeg virkelig bruge forskellige password?" er jo "Hvorfor skal jeg bruge forskellige password alle steder?". Det ene argument har vi allerede drøftet, hackeren gemmer og deler dit password, hvis han får fat på det. Det andet argument kan anskues fra en lidt mere akademisk synsvinkel. Jeg har valgt at kalde den måde at se det på, for "De forbundne kars princip[14]", som lader sig illustrere med en tegning.

---

[14] Wikipedia: "Forbundne kar er to eller flere kar, som er i forbindelse med hinanden. Det viser sig, at hvis man fylder et kar, der er forbundet med et andet eller flere andre, med vand, vil vandet flyde over i de andre kar og vandoverfladen vil være i samme højde i begge/alle kar. Det spiller ingen rolle, om karrene befinder sig i samme højde eller om de har samme form."

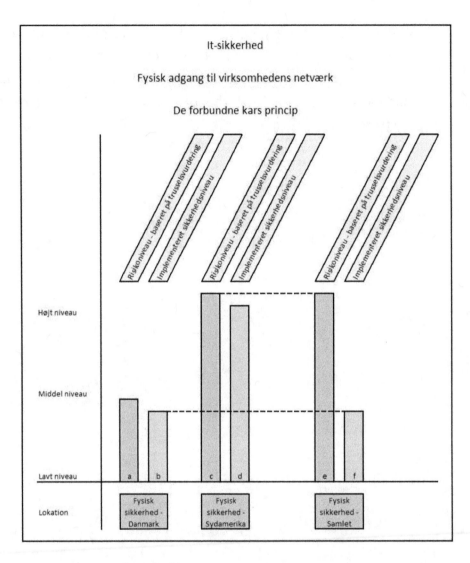

Figur 6 - De forbundne kars princip

Princippet lyder således; "Hvis du lægger to systemer[15] sammen, vil det resulterende system automatisk arve den højeste risiko og den laveste sikkerhed".

---

[15] Systemer skal her forstås i den videst mulige betydning.

Figur 6 illustrerer risikoen for, at nogen bryder ind i virksomhedens lokaler, for at hacke virksomhedens systemer.

Vi kan se, at virksomheden i Danmark har en middel risiko (a) og har implementeret en lidt lavere sikkerhed (b). Virksomheden i Danmark har måske ikke noget, der er værd at stjæle (data).

Vi kan også se, at virksomheden i Sydamerika har en høj risiko (c) og har implementeret en lidt lavere sikkerhed (d). Kigger man på de to virksomheder separat, ser man, at begge virksomheder har en risiko, som de har imødegået med et tilsvarende sikkerhedsniveau (næsten).

Vi lægger nu de to virksomheder sammen og ser, at den sammenlagte virksomhed har arvet den høje risiko (e) og desværre også den middel sikkerhed (f). Det er udtryk for, at den samlede virksomhed stadig har noget, der er værd at stjæle (data), men hackeren kan nu tage til Danmark, hvor de har den middel sikkerhed og bryde ind der og hacke den samlede virksomheds systemer.

Hvad har det med password at gøre? Er der måske nogen, der spørger. Jo det skal jeg fortælle dig, ved at stille et modspørgsmål. Hvordan lægger man to systemer sammen? Man bruger samme password i begge systemer. Der er selvfølgelig andre måder at lægge systemer sammen på, men bruger du samme password på din netbank som på den lokale mekanikers hjemmeside, så har du lagt sikkerheden i netbanken sammen med sikkerheden på mekanikerens hjemmeside. Hvis hackeren får held med at hacke mekanikeren, hvor dit password måske ikke er så godt beskyttet, og hackeren har held til at cracke det, har han også password til din netbank.

Anekdote 2 – Telefonselskabets konsulent

Det kulørte eksempel

En lidt mere kulørt måde at illustrere det på (som du kan springe over, hvis du allerede har forstået det), tager udgangspunkt i en anden type system.

Det ene system er en meget, meget rig mand. Der er hele tiden en risiko for, at nogen vil ham ondt eller måske kidnappe ham for løsepenge. For at imødegå risikoen har han ansat en mindre hær af bodyguards og sikkerhedsfolk. Risiko og implementeret sikkerhed balancerer.

Det andet system er en ung smuk kvinde uden penge. Det kan godt være, at nogen ser efter hende på gaden, men der er meget lille risiko for, at nogen vil hende ondt eller ligefrem kidnappe hende. Hun har hverken bodyguards eller sikkerhedsfolk. Risiko og implementeret sikkerhed balancerer.

Nu gifter de to sig, og straks træder princippet om de forbundne kar i kraft. Pludselig er der risiko for, at nogen vil bruden ondt eller måske kidnappe hende for løsepenge, og bruden har jo hverken bodyguards eller sikkerhedsfolk. Risiko og implementeret sikkerhed balancerer ikke. I praksis vil rigmanden nok forsyne sin brud med bodyguards og sikkerhedsfolk, ligesom man i eksemplet med de to virksomheder vil bringe virksomhedens sikkerhedsniveau op på niveau med risikoen.

Det farlige standard-password, hvad er det?

Når du køber noget udstyr eller et program, er der ofte allerede oprettet konti, så man kan komme på systemet, eller logge ind på administratorbilledet, eller hvad det nu måtte være. Password til disse konti er defineret af leverandøren og kendt af alle.

Det er password til disse konti, man kalder standard-password.

> **Anekdote**
>
> I det trådløse netværks spæde start var jeg ude på en opgave. Om aftenen sad jeg og skrev min rapport på hotellet.
>
> I en af nabobygningerne havde en privat-person eller måske et firma opsat et trådløst netværk. Navnet på netværket var ikke ændret, så det trådløse Access Point var bare taget ud af æsken og sat op. Adgang var "selvfølgelig" beskyttet med password.
>
> For mig var netværksnavnet det rene volapyk, men for min kollega gav det mening, han kunne huske netværksnavnet fra anden anledning og også det password, som kom med det Access point. Vi prøvede passwordet, og det virkede selvfølgelig.

Anekdote 3 – Det trådløse netværk

Det første du gør, når du får noget nyt udstyr, lige efter du har flået plastikken af, er at skifte standard-password til dit eget password. På udstyr vil der som oftest være en administrator konto, som du skal bruge, hvis du skal ændre på opsætningen eller lignende. Routere, printer, trådløse routere, pc'er for ikke at tale om de nye Smart-tv, har alle indbyggede administrator-konti.

Når du installerer nye programmer, hvad enten det er operativsystemer, databaser, apps eller andet, vil det samme ofte være gældende. På mere sikkerhedsopmærksomme systemer, vil du blive bedt om at ændre standard-password i forbindelse med installationen.

"Hvad er "menneske lig adfærd"?"

Da mange glemmer at få skiftet alle standard-password, og de som oftest er offentligt tilgængelige, er standard-password blandt det første, en hacker vil afprøve, når han møder en kontrol eller forhindring, der kræver login. Der findes et utal af lister med standard-password, som vedligeholdes flittigt (nogle oftere end andre). Uden i øvrigt at skulle reklamere for nogen frem for andre, er https://www.cirt.net/passwords en af disse lister.

1. Apple - *iPhone*	
User ID	root
Password	alpine
Level	Administrator

2. Apple - *iPhone*	
User ID	mobile
Password	dottie

Figur 7 - Eksempler på standard-password

Som eksempel har jeg fundet 2 konti fra Apples IPhone. Hvis du ikke ændrer de password, er der potentielt adgang til din IPhone, hvis nogen stjæler den, eller du mister den på anden måde. Cirt databasen indeholder flere end 2.000 standard-password.

Da alle hackere har disse password med i deres tabeller, er standard-password også omfattet af det, som vi kunne kalde forbudte password.

Anekdote

Det er helt almindeligt, at der findes en del konti i virksomhedernes netværk, som aldrig har været anvendt. Så kan man jo overveje, hvordan det kan være. En af forklaringerne kan være nyansatte, som fortryder og aldrig dukker op.

Hos en kunde fandt jeg en del af disse og besluttede at teste hypotesen om de nyansatte, der aldrig var dukket op. Jeg testede fra et kontorlokale, hvor der ikke "boede" nogen i øjeblikket. På reolen bag mig fandt jeg en velkomstmappe. I velkomstmappen stod passwordet til medarbejderens konto til netværket. Virksomheden brugte et standard-password til alle nye medarbejdere. Passwordet var godt nok et stærkt password, men man kunne finde det alle vegne, for medarbejderne gemte som oftest velkomstmappen.

Jeg prøvede passwordet fra mappen, og det virkede på de fleste af de ubenyttede konti.

Anekdote 4 – Velkomstmappen

Hvad er "menneskelig adfærd"?

"Hvad gør hackerne?"

Vi mennesker er jo vanedyr og har i mange henseender et forudseeligt adfærdsmønster. Hackere og sikkerhedsfolk bruger denne viden helt ublu, som du også kan læse i afsnittet om, hvad hackerne gør. I dette afsnit vil jeg kort beskrive noget af det, jeg selv har set i mit arbejde.

> **Anekdote**
>
> På Black Hat sikkerhedskonferencen i 2013 præsenterede en gruppe studerende fra University of California et studie af menneskelig adfærd, som de kaldte ClickJacking.
>
> Jeg skal ikke begive mig ud i at redegøre for hele undersøgelsen, men blot give et enkelt tankevækkende eksempel. Din maskine spørger ofte om tilladelse til det ene eller det andet. Lad os for eksemplets skyld sige at Ja-knappen er rund, grøn og indeholder teksten "Ja". Hackeren laver herefter et spil, som går ud på hurtigt at trykke på en grøn bombe inden den skifter til rød og eksploderer – bomben ligner til forveksling din ja-knap fra før. Kan du se ideen? Hvis du sidder og spiller dette spil, og dit system beder om tilladelse til noget, er det overvejende sandsynligt, at du som reaktion trykker på ja-knappen af den ene årsag, at den ligner bomben i dit spil.
>
> De studerende havde udviklet et spil, der skulle snyde folk på den måde, og de kunne i ca. 50 % af testene få den ønskede effekt.

Anekdote 5 – Black Hat

At tænke over menneskelig adfærd i forbindelse med password kom sig af en samlermani år tilbage. Mine kollegaer og jeg havde gennem længere tid udført it-sikkerhedstests (Penetrationstest) og derigennem fået fat på mange password-hashes, som vi dekrypterede som et led i testen. De password vi fandt, blev både brugt til at skaffe os adgang til virksomhedens systemer og data, men også til analyseformål så vi kunne sige noget om styrken i de faktisk brugte password uden skelen til virksomhedens password-politik. Vi gemte disse password (ikke hvilken konti de tilhørte eller hvilket firma de kom fra, men kun selve passwordet), 25 her og 50 der, og inden vi havde fået set os om, havde vi samlet 125.000 password. Med 125.000 password, som hver især er oprettet af en it-bruger, systemadministrator eller systemudvikler, var det lige pludselig muligt at analysere på disse. Analysen blev aldrig offentliggjort og analysetallene er sikkert gået tabt, men de uvidenskabelige hovedresultater kommer her:

- Hvis en bruger skal have mindst 8 tegn i sit password, så laver han det **netop** 8 tegn langt.

- Hvis en bruger skal have mindst 1 stort bogstav i sit password, så anvender han **netop** 1 stort bogstav.

- Hvis en bruger, anvender 1 stort bogstav i sit password, så sætter han det **først**.

- Hvis en bruger skal have mindst 1 tal i sit password, så anvender han **netop** 1 tal. Jeg husker dog denne observation som mindre kategorisk end de andre.

- Hvis en bruger anvender tal i sit password, så sætter han det **sidst**.

- Hvis en bruger skal have mindst et specialtegn i sit password, så bruger han **netop** 1 specialtegn.

- Nogle specialtegn var **mere populære** end andre. Jeg husker "?" som det mest populære.

- Hvis en bruger bliver bedt om at vælge mellem 1 tal eller 1 specialtegn, så vælger han **1 tal**.

- Hvis en bruger, anvender 1 specialtegn i sit password, så sætter han det **sidst**.

- Brugeren vælger gerne ord eller navne, som vedkommende havde **relation** til f.eks. virksomhedens, kærestens eller børnenes navne.

- Hvis brugeren blev bedt om at skifte password hver 90 dage, var der rigtigt mange, der fik associationer til kvartaler og årstider. **Sommer, efteraar, vinter** og **foraar** var meget populære og indgik i mange password.

- Brugerne er generelt var glade for **cykliske** ting som ugedage, aktuelt årstal og lignende.

Jeg foreslår, at du bruger ovenstående observationer til at tillægge dig nogle andre vaner end flertallet, så kan det være, at dit password ikke bliver røbet.

Anekdote:

Filmen WarGames fra 1983, indgår i den grundlæggende viden hos enhver hacker eller it-sikkerheds m/k'er.

I filmen sidder David (hovedpersonen) hjemme på sit værelse og hacker sig ind i skolens system, hvor han ændrer på sine og Jennifers karakterer (veninde). Til dette bruger han selvfølgelig Telnet[16], for det gjorde man jo dengang.

Da de senere i filmen finder en maskine med navnet WOPR (War Operation Plan Response), bliver de bedt om et password. Hvis du kender WarGames, kender du selvfølgelig også passwordet – ikke? John Falken (professoren) har brugt sin afdøde søns navn som password (joshua).

Anekdote 6 – Joshua - WarGames

---

[16] Telnet er et tegnbaseret system som kommunikerer ukrypteret.

Standard password politik

Hvis du tager den indbyggede standard password-politik fra mange Windows systemer, så lyder den sådan:

- Password skal være på mindst 8 tegn.

- Password skal bestå af både store og små bogstaver samt tal eller specialtegn.

- Password skal skiftes senest efter 90 dage.

Hvis vi koger det, som vi så omkring menneskelig adfærd sammen med "standard password-politik" i ét password, så ligger passwordet "Sommer15" lige for, hvor Sommer varieres med årstiderne, og tallet varieres med det aktuelle årstal. Hvis du ikke selv har anvendt dette password, så spørg omkring dig og se, om ikke der skulle være en enkelt eller to, som har prøvet det. Jeg har testet password-sikkerhed i både Tyskland, USA, UK og andre engelsktalende lande – og det var fuldstændigt det samme, så jeg tænker, at den adfærd er universel.

Anekdote:

I tiden lige efter analysen af de mange password, var jeg ude på en opgave i en virksomhed med ca. 1.700 medarbejdere, hvor jeg bl.a. skulle teste password-sikkerheden.

Info: Når man tester password-sikkerhed kan man forsøge at logge ind på en konto med en masse forskellige password, hvilket typisk betyder, at kontoen bliver låst efter 3 eller 5 forsøg. Man kan jo også vende den om og teste ét password på alle konti.

Jeg kan ikke huske året, men lad os bare sige det var i 2007. Jeg testede passwordet "Sommer07" på alle 1.700 konti og kom ind på 17 konti eller ca. 1 %.

Anekdote 7 – Samme password på alle konti

Når hackerne laver deres værktøjer til at teste password med (gætte), bruger de informationer som beskrevet i "Hvad er "menneskelig adfærd"?" og tager først de password, der lever op til disse og andre adfærdsmønstre og resten til sidst, hvis de overhovedet når til dem.

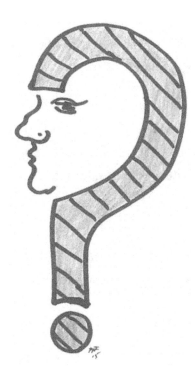

Forbudte password, hvad er det?

"Hvad gør hackerne?"

I "Hvad gør hackerne?" kan du se hvad hackeren gør for, at finde dit password. Som udgangspunkt er det en god ide at vælge password, som hackeren ikke finder alt for hurtigt. For at hjælpe dig lidt på vej har jeg oplistet en række password grupper, som du skal undgå. Jeg har valgt at kalde dem "forbudte password", selv om du sikkert sagtens kan vælge dem uden systemerne protesterer.

Ord

"Hvad gør hackerne?"

Altså ord (eller navne) du kan finde i en ordbog, på dansk eller et andet sprog. I "Hvad gør hackerne?" kan du finde eksemplet med en ordliste, med alle danske ord i alle bøjningsformer (ca. 1.000.000), som kan løbes igennem på under 1 sekund.

Ord omfatter også firma navne, produktnavne, begreber og lignende. Hackeren har værktøjer, der kan løbe din eller firmaets hjemmeside igennem og tage alle ord deri.

Dit password må altså ikke indeholde ord. Hvis du alligevel vil have kattens navn med i dit password kan du undlade nogle af bogstaverne. F.eks. kunne Felix optræde som Flix i dit password (Jeg har ikke kontrolleret, om Flix er et ord indeholdt i et eller andet sprog).

> **Anekdote**
>
> Version2 havde den 21. januar 2015, en artikel af Christian Bartels under titlen "Det mest udbredte kodeord i 2014 var igen "123456"".

Artiklen refererer en undersøgelse fra det amerikanske sikkerhedsfirma SplashID, og kan findes på (http://splashdata.com/press/worst-passwords-of-2014.htm)[17].

Interesserede kan finde artiklen hos Version2, her skal jeg bare gengive Top 10.

Rank	Password
1	123456
2	password
3	12345
4	12345678
5	qwerty
6	123456789
7	1234
8	baseball
9	dragon
10	football

Anekdote 8 – Top 10 Password

Vinter15

Du skal undgå alle password, der bruger årstider, ugedage og lignende cykliske begreber. Det kunne være sommer, efteraar, vinter, foraar, mandag, tirsdag, paaske, pinse, jul og så videre.

---

[17] Det kan jo være de flytter indholdet på et senere tidspunkt.

Tastatur afhængige password

Du skal undgå tegn-kombinationer, som fremkommer nemt på tastaturet, for hackeren har allerede luret dig. Nogle eksempler herpå kunne være "qwerty" (en klassiker), "1Qaz2wsx" eller ">Zxcvbnm".

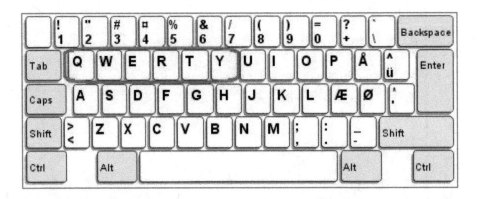

Figur 8 - Dansk standardtastatur

Password genbrug

"Skal jeg virkeligt bruge forskellige password?"

Undlad at genbruge dit password. Hackeren gemmer alle de password, han finder i sin karriere og deler dem lystigt med andre. Det ville jo være ærgerligt, hvis du havde valgt et stærkt password, som det tog 13 måneder at cracke, som hackeren har fået fingrene i, og som pludselig virkede, fordi du havde været hele vejen rundt med dine 4 password – ikke?

Udskift tegn med tal

Hackeren kender også metoden, hvor man erstatter bestemte bogstaver med tal, som har en vis lighed med tallet, så hans værktøjer tager højde for det. For en sikkerheds skyld må du også undgå den metode. Metoden betyder udskiftning af en eller flere af følgende tegn i dit password (listen er ikke udtømmende):

- "s" med "5"
- "o" med "0"
- "b" med "8"
- "l" med "1"
- "e" med "3"

Menneskelig adfærd

"Hvad er "menneske lig adfærd"?"

Som jeg nævner i afsnittet "Hvad er "menneskelig adfærd"?", har vi mennesker en indbygget adfærd, som vi ofte falder tilbage på. Hackeren kender til denne adfærd og har også taget højde for dette. Du skal generelt også undgå at være forudsigelig, hvilket måske ikke er så nemt. Du skal i hvert fald undgå:

- At dit password er netop 8 tegn langt, som password politikken kræver som minimum. Lav i stedet dit password på 10 tegn eller måske flere.

- At bruge netop 1 stort bogstav. Brug i stedet 2 eller flere.

- At sætte dit store bogstav først. Sæt det i stedet som det fjerde tegn eller lignende.

- At bruge netop 1 tal. Brug i stedet 2 eller flere.

- At sætte dit tal sidst. Sæt det i stedet som det andet tegn eller lignende.

- At bruge netop 1 specialtegn. Brug i stedet 2 eller flere.

- At sætte dit specialtegn sidst. Sæt det i stedet som det femte tegn, eller lignende.

"Hvordan opretter jeg et stærkt password, som er nemt at huske?"

Alt det man ikke må, er der overhovedet nogle password tilbage man gerne må bruge? Tro mig - der er masser- Hvad med "MitLangePassword7913=Øv". Måske ikke så nemt at taste, men hvis det er til dit trådløse netværk hjemme (som også kan tilgås ude fra gaden), var det måske et udmærket valg. I "Hvordan opretter jeg et stærkt password, som er nemt at huske?" kan du finde flere ideer til stærke password.

Anekdote

Denne joke florerer på internettet. Hvem der er ophavsmand, er noget uklart. Jeg tror mange kender situationen.

CREATING A PASSWORD

cabbage

Sorry, the password must be more than 8 characters.

boiledcabbage

Sorry, the password must contain 1 numerical character.

1 boiled cabbage

Sorry, the password cannot have blank spaces.

50fuckingboiledcabbages

Sorry, the password must contain at least one upper case character.

50FUCKINGboiledcabbages

Sorry, the password cannot use more than one upper case character consecutively.

50FuckingBoiledCabbagesShovedUpYourArse.IfYouDon'tGiveMeAccessImmediately

Sorry, the password cannot contain punctuation.

NowIAmGettingReallyPissedOff50FuckingBoiledCabbagesShovedUpYourArseIfYouDontGiveMeAccessImmediately

Sorry, that password is already in use.

Anekdote 9 – Password - Joke

Hvad gør hackerne?

Hackerne gør brug af en lang række metoder for at få fat på dit password. Man kan opdele disse i 3 metoder, som jeg vil beskrive nærmere i de næste afsnit.

- **Hackeren kan aflure dit password.**
  Personen ved siden af dig i toget ser, når du taster password til din webmail eller Facebook.

- **Hackeren kan lave online angreb.**
  Hackeren finder et indgangsbillede, hvor man skal taste et password, hvorefter han prøver sig frem.

- **Hackeren kan lave offline angreb.**
  Hackeren har hacket et system på nettet og fået fat på dit krypterede password (password-hash eller password-hash-værdi). Og sidder nu i ro og mag derhjemme og forsøger at finde dit password.

Aflure

At aflure folks password er en helt almindelige anvendt metode ikke bare af hackere men også af lommetyve og tricktyve. Nogle af de mere almindelige eksempler på dette er:

- **Benzinkort automater, bankernes hæveautomater m.v.**
  Der har været en del sager, hvor hackeren har sat en lille kortlæser på automaten, som dit kort skal igennem for at komme ind i selve benzinkort automaten eller bankens hæveautomat. Den lille kortlæser tager en elektronisk kopi af dit kort. Man har samtidigt placeret et lille kamera, der kan aflure din pinkode.

- **Køen i supermarkedet**
  En person har stået meget tæt på dig i supermarkedet og afluret dig,

da du tastede pinkoden til dit dankort. På vej ud af forretningen stjæler han din pung med dankortet op af din taske.

På den tekniske side er det keyloggere eller varianter heraf, som benyttes af hackerne. En keylogger er en anordning eller et lille program, som efter installation opsamler alle dine tastetryk i en fil. Ved senere at se i filen vil man som oftest kunne identificere, når du taster dit (dine) password. Noget tilsvarende findes med optagelse af skærmaktiviteter som en video. Fælles for de 2 er, at hackeren skal have fysisk afgang til din maskine eller på en eller anden måde lokke dig til at installere programmet. Hvis hackeren allerede har adgang til din maskine via internettet (eller det lokale netværk), kan hackeren selvfølgelig selv installere programmet.

Hvis vi et øjeblik springer til NemID (eller tilsvarende systemer), så er vi godt beskyttet mod ovenstående, for her skal vi jo indtaste et engangs-password fra Nøglekortet. Så det er en rigtig god ide ikke at scanne sit nøglekort.

Online

Online metoden er forholdsvis simpel og består i, at hackeren finder et loginbillede og gætter på kontonavn og password. I langt de fleste tilfælde vil dette låse kontoen efter 3, 5 eller 10 forsøg, hvilket kan blive en langsommelig affære. Hackeren har stadig mulighed for, at finde 3, 5 eller 10 almindeligt brugte password og forsøge dem på alle de konti, han kan finde.

Hvis der ikke er begrænsninger på antallet af login-forsøg, er sagen en ganske anden. Så kan hackeren gøre brug af et af de mange værktøjer til login-forsøg (man kalder disse metoder for Brute-Force eller Ordbogsangreb). Med disse metoder kan hackeren på kort tid forsøge login med et utal af password- Vi taler om tusinder eller hundrede af

tusinder af forsøg, alt efter hvor langt tid hackeren har til rådighed, eller hvor stor kapacitet hans system har. Når hackeren skal udvælge password til sit Brute-Force eller Ordbogsangreb, bruger han samme teknikker, som beskrevet under offline.

Offline

Hackeren har på en eller anden måde fået fat på dit krypterede password (password-hash eller password-hash-værdi), og sidder nu i ro og mag derhjemme og forsøger at finde dit password.

Jeg vil ikke gøre så meget ud af, hvordan de får fat på dit krypterede password (password-hash eller password-hash-værdi), men mere fokusere på hvordan de får omsat en password-hash-værdi til et password.

"Hvordan virker et password?"

Da password er krypteret med en såkaldt one-way funktion, kan man ikke "regne" sig tilbage fra password-hash-værdien til passwordet. Hvis hackeren ved hvorfra password-hash-værdien kommer, så kender man også den krypteringsalgoritme, der er anvendt (det er offentlig information). Så den grundlæggende metode der anvendes, er at gætte på et password, kryptere passwordet med den relevante krypteringsalgoritme og sammenligne den password-hash-værdi, der kommer ud af det, med den password-hash-værdi man har hacket sig til. Hvis de to password-hash-værdier er ens, har man fundet det oprindelige password, hvis de to password-hash-værdier ikke er ens, må man gætte på et nyt password, og så fremdeles.

Password gæt

"Hvad er "menneske lig adfærd"?"

Hackeren har en lang række af metoder, han kan tage i anvendelse, når der skal gættes på password. De første han tager i anvendelse er de metoder, vi beskrev under "Hvad er "menneskelig adfærd"?". Du har sikkert set masser af film på tv eller i biografen, hvor helten lige gætter passwordet, sådan virker det ikke her ude i virkeligheden, det kræver som regel lidt mere.

Brute Force

Brute Force metoden går ud på, at hvis du prøver alle tænkelige kombinationer af tegn, som et password kan bestå af, så må du jo finde passwordet på et tidpunkt.

Det lyder jo meget besnærende, at kaste sig over denne metode, når nu succesraten er 100 %, men antallet af forskellige kombinationer er noget større, end man måske lige skulle tro.

I oversigten "Password – mulige kombinationer" har jeg skematisk vist antallet af mulige forskellige password, ved brug af forskellige tegnsæt[18] og password-længder. Hvis du f.eks. kun må bruge små bogstaver (26 forskellige) og laver et password på 8 tegn, så er det muligt at lave 208.827.064.576 forskellige password. Hvis du derimod må bruge både små bogstaver, store bogstaver, tal og specialtegn (95 forskellige) og laver et password på 15 tegn, så er det muligt at lave 463.291.230.159.753.000.000.000.000.000 forskellige password, hvilket er et meget stort antal.

Jeg har en gammel Lenovo R500 bærbar PC stående, som jeg bl.a. benytter til password cracking. Den kan udføre ca. 1 million forsøg i sekundet. Nyt udstyr kan udføre cracking forsøgene endnu hurtigere. I oversigten "Password – cracking tider"[19] har jeg oversat antallet af mulige password, til hvor lang tid en hacker skal bruge til at teste alle de mulige forskellige password. Vi anvender de samme eksempler fra tidligere, så hvis du f.eks.

---

[18] I "Bilag 2 – Password – mulige kombinationer" findes en mere uddybende oversigt over mulige password-kombinationer.

[19] I "Bilag 3 – Password – cracking tider" findes en mere uddybende oversigt over password cracking tider.

kun må bruge små bogstaver (26 forskellige) og laver et password på 8 tegn, så er det muligt at teste alle password på under 1 uge. Hvis du derimod må bruge både små bogstaver, store bogstaver, tal og specialtegn (95 forskellige) og laver et password på 15 tegn, så tager det i nærheden af 14.690.868.536.268.200 år at teste alle de mulige forskellige password. For de fleste er det nok en uoverskuelig opgave at forsøge sig med det.

	Password længde = 1	
Tegn gruppe	Antal tegn	Antal mulige forskellige password
26 små bogstaver: a til z	26	26
Plus 26 store bogstaver: A til Z	52	52
Plus 10 tal: 0 til 9	62	62
Plus 33 symboler: (mellemrum) ! " # $ % & ' ( ) * + , - . / : ; < = > ? @ [\ ] ^ _ ` {	} ~	95	95

	Password længde = 8	
Tegn gruppe	Antal tegn	Antal mulige forskellige password
26 små bogstaver: a til z	26	208.827.064.576
Plus 26 store bogstaver: A til Z	52	53.459.728.531.456
Plus 10 tal: 0 til 9	62	218.340.105.584.896
Plus 33 symboler: (mellemrum) ! " # $ % & ' ( ) * + , - . / : ; < = > ? @ [\ ] ^ _ ` {	} ~	95	6.634.204.312.890.620

	Password længde = 15	
Tegn gruppe	Antal tegn	Antal mulige forskellige password
26 små bogstaver: a til z	26	1.677.259.342.285.730.000.000
Plus 26 store bogstaver: A til Z	52	54.960.434.128.018.700.000.000.000
Plus 10 tal: 0 til 9	62	768.909.704.948.767.000.000.000.000
Plus 33 symboler: (mellemrum) ! " # $ % & ' ( ) * + , - . / : ; < = > ? @ [\ ] ^ _ ` {	} ~	95	463.291.230.159.753.000.000.000.000.000

Figur 9 - Password – mulige kombinationer

	Password længde = 1	
Tegn gruppe	Antal tegn	Password Cracking - 1.000.000 forsøg i sekundet
26 små bogstaver: a til z	26	Under 1 sekund
Plus 26 store bogstaver: A til Z	52	Under 1 sekund
Plus 10 tal: 0 til 9	62	Under 1 sekund
Plus 33 symboler: (mellemrum) ! " # $ % & ' ( ) * + , - . / : ; < = > ? @ [\ ] ^ _ ` {	} ~	95	Under 1 sekund

	Password længde = 8	
Tegn gruppe	Antal tegn	Password Cracking - 1.000.000 forsøg i sekundet
26 små bogstaver: a til z	26	Under 1 uge
Plus 26 store bogstaver: A til Z	52	1,7 år
Plus 10 tal: 0 til 9	62	6,9 år
Plus 33 symboler: (mellemrum) ! " # $ % & ' ( ) * + , - . / : ; < = > ? @ [\ ] ^ _ ` {	} ~	95	210,4 år

	Password længde = 15	
Tegn gruppe	Antal tegn	Password Cracking - 1.000.000 forsøg i sekundet
26 små bogstaver: a til z	26	53.185.544,8 år
Plus 26 store bogstaver: A til Z	52	1.742.783.933.536,9 år
Plus 10 tal: 0 til 9	62	24.381.966.798.223,2 år
Plus 33 symboler: (mellemrum) ! " # $ % & ' ( ) * + , - . / : ; < = > ? @ [\ ] ^ _ ` {	} ~	95	14.690.868.536.268.200 år

Figur 10 - Password – cracking tider

Nedbring antallet af password

Hackeren er nødt til at nedbringe antallet af password, som han vil forsøge sig med, ved at være selektiv. Man kan sige, at der er to metoder, når man skal udvælge sine password til test:

- **Nedefra og op**. Du starter med en ordliste, som du bearbejder/varierer til flere password.

- **Oppefra og ned.** Du starter med alle kombinationer og arbejder dig ned derfra ved at fravælge password eller grupper af password.

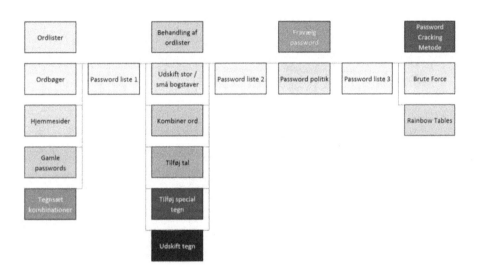

Figur 11 - Password - cracking metoder

Figuren "Password – cracking metoder" viser forskellige elementer, som en hacker kan tage i anvendelse for at tilpasse sine passwordlister. Fra forskellige kilder samler han en passwordliste-1, som han behandler med forskellige teknikker, hvilket resulterer i en passwordliste-2, som nu indeholder flere ord end passwordliste-1. Han fravælger nu de password, som ikke lever op til forskellige krav, det har vi kaldt Password-politik, og ud kommer en ny passwordliste-3, som indeholder færre ord end passwordliste-2. Passwordliste-3 udgør nu den liste, som hackeren vil forsøge sig med i forsøget på, at finde passwordet der modsvarer den password-hash-værdi, han har hacket sig til.

Der er ikke tale om et procesdiagram således, at man starter i øverste venstre hjørne og ender i nederste højre. De enkelte elementer kan byttes, springes over eller hvad man nu finder, tjener formålet bedst. I de kommende afsnit vil jeg beskrive hvert af de oplistede elementer, og figuren skal tjene til reference i den forbindelse.

Ordlister

Ordbøger

"Hvad er "menneske lig adfærd"?"

Ord er nemmere at huske end tilfældige tegn, så mange har for vane at vælge et ord eller navn som password. Internettet indeholder et utal af ordbøger, lavet til netop det formål at cracke password, på alle de store sprog. Når hackeren vælger sine ordbøger, tager han selvfølgelig udgangspunkt i det sprogområde, som han befinder sig i, i Danmark er det mere sandsynligt at finde danske ord i passwordet, end det er at finde kinesiske. Der findes tilsvarende lister med personnavne.

Hos Dansk Sprognævn kan du købe en ordliste, med alle Danske ord i alle bøjningsformer, men mon ikke samme liste findes i en hacker version? www.sproget.dk oplyser, at der er ca. 1.000.000 ord inklusive bøjninger i det danske sprog.

"Anekdote – Top 10 Password"

Lad og lige lege lidt med tallene. Hvis vi stiller os selv det spørgsmål, "Hvis vi har valgt et dansk ord som password (uanset længde), hvor længe tager det så at cracke passwordet?". Vi ved fra tidligere, at vi på gammelt udstyr kan forsøge ca. 1.000.000 password i sekundet, så regnestykket er jo lige til, så tager det ca. 1 sekund. Man kan endda argumentere, at det ikke er sikkert dit password ligger sidst i listen, det kunne jo ligge først, hvorfor vi i gennemsnit er nede på et ½ sekund. Hvis du har spekuleret på, hvorfor du ikke skal vælge et ord til dit password, så har du her én forklaring.

Gamle password

Som mennesker har vi en forkærlighed for det kendte, hvilket også gør sig gældende for password. Som hacker er det derfor en god ide altid at have en liste med password, som tidligere har været anvendt. Størst værdi har de man selv har oplevet, men internettet er en uudtømmelig kilde til ordlister, som indeholder password fra hackere med flere.

Hjemmesider

Ud fra tesen om at mennesker gerne vælger deres password, ud fra noget de kender, kan virksomhedens hjemmeside jo nemt indeholde passwordet uden, at "nogen" ved det. Hackeren kan derfor indsamle alle ord fra virksomhedens hjemmeside og bruge denne ordliste som udgangspunkt for det videre arbejde. Password harvesting, som man kalder dette, er standard funktionalitet i mange af hackerens værktøjer til password test.

Tegnsæt kombinationer

Princippet i denne er, at hackeren laver password som alle mulige kombinationer, af de tegn, som han har til rådighed, og i alle de password-længder, der tillades. Dette giver i praksis et uhåndterbart stort antal password, så hackeren vil begrænse antallet ved at indskrænke de forskellige tegnsæt og længden af password. Hackeren kan:

- Udvælge de 10 mest anvendte bogstaver
- Udvælge de 10 mest anvendte store bogstaver
- Udvælge de 5 mest anvendte tal
- Udvælge de 3 mest anvendte specialtegn
- Kun lave password på præcist 8 tegn

Et tænkt eksempel hvor antallet af tegn er nedbragt fra 95 til 28.

Behandling af ordlister

Eksempelliste

I det følgende har jeg anvendt følgende ordliste:

- sommer
- sol

- om
- mer
- er

Udskift store/små bogstaver

Hackeren starter med en ordliste, som han vil bearbejde/variere til flere password ved, at udskifte små bogstaver med store. Lad os bruge ordet "sommer" som eksempel (listen er ikke udtømmende):

- Sommer
- sOmmer
- soMmer
- SOmmer
- sOMmer

Kombiner ord

Hackeren starter med en ordliste, som han vil bearbejde/variere til flere password, ved at kombinere ord i listen. Lad os bruge ordene "sol", "om" og "er" som eksempler (listen er ikke udtømmende):

- solom
- omsol
- omer
- erom
- soler

Tilføj tal

Hackeren starter med en ordliste, som han vil bearbejde/variere til flere password ved at tilføje tal til ord i listen. Lad os bruge ordet "sommer" som eksempel (listen er ikke udtømmende):

- sommer1
- sommer2

- s3ommer
- 3sommer
- som45mer

Tilføj specialtegn.

Hackeren starter med en ordliste, som han vil bearbejde/variere til flere password ved at tilføje specialtegn til ord i listen. Lad os bruge ordet "sommer" som eksempel (listen er ikke udtømmende):

- sommer?
- sommer=
- s?ommer
- ?sommer
- Som=?mer

Udskift tegn

Hackeren starter med en ordliste, som han vil bearbejde/variere til flere password ved at udskifte tegn i ord i listen. Det har i en årrække været populært at udskifte "s" med "5", "o" med "0" osv., og det har hackeren selvfølgelig også bemærket. Lad os bruge ordet "sommer" som eksempel (listen er ikke udtømmende):

- 5ommer
- s0mmer
- 50mmer
- somm3r
- 5omm3r

En runde mere

Der er jo ikke noget, der hindrer en hacker i at benytte flere af ovenstående i forlængelse af hinanden til at danne endnu flere password. Han kan f.eks. først tilføje specialtegn, dernæst tal og til sidst store bogstaver. Husk, at hackeren har værktøjer til disse opgaver, så han skal selvfølgelig ikke sidde og gøre det i hånden.

Fravælg password

Der findes i dag hacker-værktøjer, som kan frasortere de password, som ikke lever op til en given password-politik. Hvis du tager den indbyggede standard password-politik fra mange Windows systemer, så lyder den sådan:

- Password skal være på mindst 8 tegn.

- Password skal bestå af både store og små bogstaver samt tal eller specialtegn.

Så hvis hackeren konfigurerer værktøjet efter dette, vil det frasortere alle ord i listen, som ikke er 8 tegn eller flere langt, som ikke bestå af både store og små bogstaver samt tal eller specialtegn. Så kendskab til virksomhedens password-politik kan pludseligt anskues som en svaghed!

Lad os prøve at tage et praktisk eksempel. Hackeren har fået fat på en liste med password-hash-værdier fra en virksomhed, han har måske også fundet ud af (eller bare antaget), at de anvender en standard Windows password-politik. Han har også kendskab til menneskelig adfærd, som beskrevet i "Hvad er "menneskelig adfærd"?", så samlet ved han at:

"Hvad er "menneske lig adfærd"?"

- Password er på 8 tegn.
- Password starter med stort bogstav.
- Password har små bogstaver fra tegn 2 til 7.
- Password har enten et tal eller et specialtegn til sidst.

Hvis vi regner med, at der er 26 store bogstaver, 26 små bogstaver, 10 tal og 33 specialtegn, kan vi udregne antallet af mulige forskellige password på følgende måde:

26*26*26*26*26*26*26*43 = 345.367.837.568

Med 1 million forsøg i sekundet, vil det tage 345.367 sekunder, hvilket svarer til ca. 95 timer, at prøve alle password der lever op til ovenstående.

Skal vi så til at holde password-politikken hemmelig? Nej det skal vi nok ikke, men vi skal som brugere af it undlade at være så forudsigelige.

Password cracking metoder

Ordbogsangreb (Dictionary Attack)

Når hackeren har sin endelige password-liste, prøver han alle ord i listen - ganske simpelt.

Rainbow-tables

Rainbow-tables er en særlig teknik, som kan tages i anvendelse. Jeg vil ikke begive mig ud i at forklare de tekniske detaljer men blot redegøre for principperne.

Rainbow-tables bygger på tanken, hvorfor udregne password-hash-værdier for alle mulige password, hver gang man skal cracke password? Hvorfor ikke udregne password-hash-værdier for alle mulige password en gang for alle og gemme dem i en database? Så kan man bare slå de password-hash-værdier, som man finder, op i databasen. Så det har man gjort. Rainbow-tables er lister med password-hash-værdier oversat til password.

Rainbow-tables har sine begrænsninger, da der jo hverken er plads eller tid til at udregne password-hash-værdier for alle teknisk mulige password. Nogle fordele / ulemper er listet her:

- Da Rainbow-tables er selvstændige små tabeller, kan man jo dele regneopgaven mellem et stort antal hackere og dele resultaterne med hinanden.

- Rainbow-tables er komprimerede, så ikke alle password-hash-værdier findes.

- Der skal beregnes forskellige tabeller for forskellig anvendelse af tabellerne (et sæt tabeller for Windows, et andet sæt til Oracle og så videre).

Min private password-politik derhjemme – hvad gør jeg?

Det kan godt lyde som om, at en privat password-politik[20] derhjemme er at skyde over målet, men det er ikke nær så slemt og formalistisk, som man måske skulle tro. Som du kan se i afsnittet "Skal jeg virkeligt bruge forskellige password?", skal man jo have forskellige password på alle sine konti, hvilket måske ikke altid er så praktisk. Men da det modsatte (samme password på alle konti) er langt værre, må vi nok se os om efter en pragmatisk løsning, der ligger derimellem.

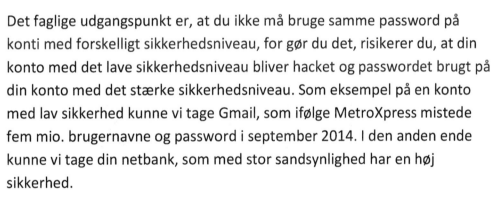

"Skal jeg virkeligt bruge forskellige password?"

En løsning, som ikke er den mest sikre, men måske er sikker nok for den enkelte, er opdeling af sine konti.

Det faglige udgangspunkt er, at du ikke må bruge samme password på konti med forskelligt sikkerhedsniveau, for gør du det, risikerer du, at din konto med det lave sikkerhedsniveau bliver hacket og passwordet brugt på din konto med det stærke sikkerhedsniveau. Som eksempel på en konto med lav sikkerhed kunne vi tage Gmail, som ifølge MetroXpress mistede fem mio. brugernavne og password i september 2014. I den anden ende kunne vi tage din netbank, som med stor sandsynlighed har en høj sikkerhed.

Der er mange forskellige måder at opdele sine konti på, og du skal selvfølgelig vælge en opdeling, der passer netop dig og de konti, som du har. I eksemplet senere har jeg givet Peter 6 password og hans pinkode-huskere. De 6 password i eksemplet er givet for at komme rundt i de forskellige typer af konti, vi normalt har. Måske kan du klare dig med færre.

---

[20] En password-politik er de krav, et password skal leve op til. Password-politikker er mest synlige i virksomhederne, men findes næsten alle steder, hvor man benytter password, ofte uden at man lægger mærke til det.

For at gøre det nemmere at forstå, har jeg brugt Peter Jensens sammensurium af konti og password og givet et eksempel på, hvordan han kunne opdele sine konti.

Peter har følgende konti med tilhørende password (sikkert også flere):

Øresundsbroen	Linkedin	Apple ID	QXL
NemID	Den Blå Avis	GMail	Pinkode til Ipad
Philips Smart TV	Apple TV	Microsoft-konto	Google
Paypal	Hotels.com	DropBox	Politisk parti
StepStone	Brobizz	Booking.com	Rejsekort
Pinkode til MobilePay	Pinkode til Mobiltelefonen	Pinkode til Benzinkortet	Pinkode til Mastercard
Pinkode til kufferten	Pinkode til Dankort	Lægerne på hovedvejen	Adgang til Facebook
Datterens Apple ID	Adgang til Skole Intra (Datterens)	Adgang til Jobzonen	Adgang til Twitter
Adgang til Meat Loaf Fanklub	Adgang til faglig klub	WII – Parent Control	Statens eRekruttering
Login til min bærbare hjemme	Administration af min Netværksdisk	Adgang til netværket på arbejde	Adgangskode til mit lokale netværk
Pinkode til adgangskort til Jobbet	Adgang til Webmail hos TDC	Administrator konto til min trådløse router	Adgang til min krypterede memory stick

Figur 12 - Peters konti

Pinkoder

"Hvad med Pinkode"

Peter har valgt at bruge pinkodehuskere, som han altid har med til sine pinkoder, og kan derfor have mange forskellige pinkoder uden at skulle være bekymret for, om han kan huske dem, når de skal bruges.

For Dankortet og Mastercard har han beholdt den kode, der kom med posten.

På MobilePay har han valgt en kode, som er forskellig fra pinkoden til telefonen, men som er nem for ham at huske.

På adgangskortet til jobbet har han bare valgt at benytte sin fødselsdato uden år. Han regner med, at hvis han mister kortet, vil det blive spærret, inden finderen kan udtænke pinkoden.

På benzinkortet har han valgt at bruge datterens fødselsdato uden år. Han regner med, at hvis han mister kortet, vil det blive spærret, inden finderen kan udtænke pinkoden, og skulle han blive udsat for et tricktyveri, hvor nogen har afluret pinkoden, er det jo ikke så væsentligt, hvor svær den er at gætte.

På mobiltelefonen og iPad 'en har han samme pinkode. Peter har valgt en kode, der er hurtig at taste også med en tommeltot. Peter tænker, at så er der mindre sandsynlighed for, at andre ser koden.

Nå ja, så er der pinkoden til kufferten. Han har bare valgt 999, for den skal bare beskytte mod lejlighedstyve, der kunne åbne kufferten og tage indholdet, alle andre er nok ligeglade med låsen.

Password

Peter har valgt 6 forskellige password og metoder.

Det mest kritiske password

Det mest kritiske password er 11 tegn langt, svært at gætte for andre og Peter skifter det, straks han tror, andre har set ham indtaste det (FerMJ07rar?)[21].

Det mest kritiske password anvendes kun til Nem ID.

Det kritiske password

"Hvordan opretter jeg et stærkt password, som er nemt at huske?"

Det kritiske password er 9 tegn langt, svært at gætte for andre og Peter skifter det, straks han tror, andre har set ham indtaste det (HonPJ35d?).

Det kritiske password anvendes til adgang til webmail hos TDC, Apple ID, Lægerne på Hovedvejen, adgang til faglig klub, rejsekort, login til hans bærbare derhjemme, administrator konto til sin trådløse router, administration af sin netværksdisk, adgangskode til sit lokale netværk, Paypal, Dropbox og brobizz.

Det knap så kritiske password

Det knap så kritiske password er 10 tegn langt, svært at gætte for andre og Peter skifter det, straks han tror, andre har set ham indtaste det (SuzMJ07uk=).

Det knap så kritiske password anvendes til Øresundsbroen, Philips Smart TV, Apple TV, WII – Parental Control og datterens Apple ID.

Mine online ting

Password til Peters online ting er 7 tegn langt, svært at gætte for andre og Peter skifter det, straks han tror, andre har set ham indtaste det (P0&/(l0).

Password til Peters online ting anvendes til adgang til Meat Loaf Fanklub, Hotels.com, Politisk Parti, Statens eRekruttering, Stepstone, Booking.com,

---

[21] Du kan i afsnittet "Hvordan opretter jeg et stærkt password, som er nemt at huske?" læse, hvorfor dette password er nemt at huske og svært at gætte.

LinkedIn, Twitter, Facebook, QXL, Den Blå Avis, adgang til skoleintra og adgang til Jobzonen.

Mine firmating

Password til Peters firmating er 9 tegn langt, svært at gætte for andre og han skifter det, som firmaets password-politik foreskriver. Peter benytter aldrig samme password på jobbet som derhjemme (Cit35roe#).

Password til firmating anvendes kun til adgang til netværket på arbejde.

Google

Peter har læst, at Google ikke passer godt må brugernes data, så han har valgt et særligt password til Google, som er 10 tegn langt, svært at gætte for andre og han skifter det regelmæssigt (Ove35rlan#).

Google password anvendes til adgang Google og Gmail.

En hilsen fra forfatteren

Kære læser

Hvis du har læst min bog, og meget af det var nyt for dig, så sidder du måske med en følelse af "hvor skal jeg dog starte". Jeg har 5 pointer og gode råd til dig. Hvis du efterlever dem, så er du rigtigt godt hjulpet.

1. Passwordsikkerhed er **ikke** enten/eller. Enten gør vi det hele, eller også gør vi ingenting. Enhver forbedring er en forbedring. Hvad der derimod er vigtigt er, at du gør noget, hellere i dag end i morgen.

2. Du skal opdele dine password i 3-4-5 områder, som passer til dig. På hvert område har du så helt forskellige password. Det er ikke 100 % sikkerhed, men en god sikkerhed som er bedre end den mange bruger.

3. Du skal bruge lidt energi på at vælge nogle stærke password, som er svære at gætte for andre. Øv dig på et stykke papir og lad dig inspirere af de metoder, jeg har beskrevet i bogen. Når du har lavet dine password, så se på dem og vurder, om der er "forbudte" password imellem.

4. Skift password ind imellem. Hvis du altid sidder hjemme og bruger dit udstyr behøver du ikke skifte så tit (4-5 år måske?). Hvis du derimod ofte bruger dit udstyr offentligt eller går på internetcafe, så skal du skifte oftere (2-3 måneder måske?). Du skifter selvfølgeligt dit password, straks du opdager eller mistænker, at nogen har fået kendskab til det.

5. Dine password er personlige og ikke noget du deler med andre. Der kan selvfølgelig være undtagelser, men det er altid bedre at give andre adgang til det samme med deres egen konto og password. Det kan

man i e-Boks, netbanken og sikkert også andre steder. På de sociale medier kan man jo bare være venner.

Hvis du har læst min bog, og havde meget godt styr på det i forvejen, så håber jeg du alligevel har fået inspiration til at gøre det endnu bedre.

De bedste hilsner
Forfatteren

Bilag 1 – Traceroute til www.google.dk

```
Kommandoprompt                                    _ □ ✕

C:\Users\John>tracert www.google.dk

Tracing route to www.google.dk [74.125.195.94]
over a maximum of 30 hops:

  1    1 ms    1 ms    1 ms  sagembox.home [192.168.1.1]
  2   19 ms   19 ms   19 ms  xe-2-0-1-1103.kjnqe10.dk.ip.tdc.net [87.58.128.225]
  3   29 ms   28 ms   29 ms  ae1-0.tg4-peer1.sto.se.ip.tdc.net [62.95.54.124]
  4   28 ms   28 ms   29 ms  google.xe-1-2-0-0.tg4-peer1.sto.se.ip.tdc.net [195.215.109.194]
  5   50 ms   33 ms   30 ms  216.239.43.122
  6   29 ms   30 ms   29 ms  209.85.253.180
  7   46 ms   46 ms   45 ms  216.239.43.38
  8   47 ms   47 ms   46 ms  209.85.255.60
  9   46 ms   46 ms   46 ms  209.85.255.74
 10   52 ms   52 ms   52 ms  209.85.244.102
 11   52 ms   53 ms   71 ms  209.85.250.165
 12    *       *       *     Request timed out.
 13   52 ms   52 ms   52 ms  wj-in-f94.1e100.net [74.125.195.94]

Trace complete.

C:\Users\John>
```

Bilag 2 – Password – mulige kombinationer

Tegn gruppe	Antal tegn	Sum antal tegn	Password længde			
			1	2	3	4
Små bogstaver: a til z	26	26	26	676	17.576	456.976
Store bogstaver: A til Z	26	52	52	2.704	140.608	7.311.616
Tal: 0 til 9	10	62	62	3.844	238.328	14.776.336
Symboler: (mellemrum)!" #$%&'()*+,-. /:;<=>?@[\]^_`{¦}~	33	95	95	9.025	857.375	81.450.625

Tegn gruppe	Antal tegn	Sum antal tegn	Password længde			
			5	6	7	8
Små bogstaver: a til z	26	26	11.881.376	308.915.776	8.031.810.176	208.827.064.576
Store bogstaver: A til Z	26	52	380.204.032	19.770.609.664	1.028.071.702.528	53.459.728.531.456
Tal: 0 til 9	10	62	916.132.832	56.800.235.584	3.521.614.606.208	218.340.105.584.896
Symboler: (mellemrum)!" #$%&'()*+,-. /:;<=>?@[\]^_`{¦}~	33	95	7.737.809.375	735.091.890.625	69.833.729.609.375	6.634.204.312.890.620

Tegn gruppe	Antal tegn	Sum antal tegn	Password længde			
			9	10	11	15
Små bogstaver: a til z	26	26	5.429.503.678.976	141.167.095.653.376	3.670.344.486.987.780	1.677.259.342.285.730.000.000
Store bogstaver: A til Z	26	52	2.779.905.883.635.710	144.555.105.949.057.000	7.516.865.509.350.970.000	54.960.434.128.018.700.000.000.000
Tal: 0 til 9	10	62	13.537.086.546.263.600	839.299.365.868.340.000	52.036.560.683.837.100.000	768.909.704.948.767.000.000.000.000
Symboler: (mellemrum)!" #$%&'()*+,-. /:;<=>?@[\]^_`{¦}~	33	95	630.249.409.724.609.000	59.873.693.923.837.900.000	5.688.000.922.764.600.000.000	463.291.230.159.753.000.000.000.000.000

Bilag 3 – Password – cracking tider

			Password Cracking - 1.000.000 forsøg i sekundet			
Tegn gruppe	Antal tegn	Sum antal tegn	1	2	3	4
Små bogstaver: a til z	26	26	Under 1 sekund	Under 1 sekund	Under 1 sekund	Under 1 sekund
Store bogstaver: A til Z	26	52	Under 1 sekund	Under 1 sekund	Under 1 sekund	Under 1 minut
Tal: 0 til 9	10	62	Under 1 sekund	Under 1 sekund	Under 1 sekund	Under 1 minut
Symboler: (mellemrum) ! " # $ % & ' ( ) * + , - . / : ; < = > ? @ [\ ] ^ _ ` {	} ~	33	95	Under 1 sekund	Under 1 sekund	Under 1 sekund	Under 1 time

			Password Cracking - 1.000.000 forsøg i sekundet			
Tegn gruppe	Antal tegn	Sum antal tegn	5	6	7	8
Små bogstaver: a til z	26	26	Under 1 minut	Under 1 time	Under 1 dag	Under 1 uge
Store bogstaver: A til Z	26	52	Under 1 time	Under 1 dag	Under 1 måned	1,7 år
Tal: 0 til 9	10	62	Under 1 time	Under 1 dag	Under 1 år	6,9 år
Symboler: (mellemrum) ! " # $ % & ' ( ) * + , - . / : ; < = > ? @ [\ ] ^ _ ` {	} ~	33	95	Under 1 dag	Under 1 måned	2,2 år	210,4 år

			Password Cracking - 1.000.000 forsøg i sekundet			
Tegn gruppe	Antal tegn	Sum antal tegn	9	10	11	15
Små bogstaver: a til z	26	26	Under 1 år	4,5 år	116,4 år	53185544,8 år
Store bogstaver: A til Z	26	52	88,2 år	4583,8 år	238358,2 år	1742783933536,9 år
Tal: 0 til 9	10	62	429,3 år	26614 år	1650068,5 år	24381966798223,2 år
Symboler: (mellemrum) ! " # $ % & ' ( ) * + , - . / : ; < = > ? @ [\ ] ^ _ ` {	} ~	33	95	19985,1 år	1898582,4 år	180365326,1 år	1469086853626820 0 år

Om forfatteren

John Madum - Chefkonsulent

John Madum er It sikkerhedsspecialist og Ethical Hacker. John Madum har arbejdet med it-sikkerhed de seneste 15 år og de 15 år før det med It. Det meste af tiden som konsulent for flere af de store revisionsfirmaer, med opgaver som rådgivning, penetrationstest, it-sikkerheds-review, it-revision, it-sikkerhedsdesign, udarbejdelse af procedurer og forretningsgange og meget andet.

John Madum har siden 2013 været ansat hos Finansministeriets Interne Koncernrevision som Chefkonsulent, med ansvar for opbygning af it-revisionen i Statens It.

John Madum er:

- HD – Regnskabsvæsen
- Datanom

John Madum har opnået:

- CISSP® - Certified Information Systems Security Professional
- CISM® - Certified Information Security Manager
- CRISC® - Certified in Risk and Information Systems Control
- CISA® - Certified Information Systems Auditor
- GPEN® - Global Information Assurance Certification - Penetration Tester
- ITIL® - Foundation

Bidrag til bogens tilblivelse

Peter Lidell – Senior Informations Sikkerheds Arkitekt

Peter Lidell er informations sikkerheds arkitekt, og har de sidste 19 år arbejdet med informationssikkerhed, ledelse og styring samt teknik hos nogle af landet største virksomheder.

Peter Lidell har bidraget med den tekniske korrekturlæsning og kommenteret på faglige spørgsmål og problemstillinger.

Pia Sønderlund Nielsen – Koncern Revisionschef

Pia Sønderlund Nielsen har været chef for Finansministeriets Interne Koncernrevision siden 2007. Koncernrevision i Finansministeriets koncern dækker Moderniseringsstyrelsen, Digitaliseringsstyrelsen, Statens Administration og Statens It. Koncernrevision rapporterer til administrativ leder af Ministeriet, i tæt samarbejde med Rigsrevisionen.

Pia Sønderlund Nielsen har kommenteret på det sproglige indhold i bogen. Pia Sønderlund Nielsen har desuden bidraget med korrekturlæsning.

Inge Merete Fledelius – Afdelingsleder

Inge Merete Fledelius er uddannet folkeskolelærer med blandt andet linjefag i billedkunst. Inge Merete har således 21 års

erfaring med undervisning i faget billedkunst og har underevejs blandt andet dygtiggjort sig ved at tage kurser på Københavns Universitet i kunsthistorie. Merete har også diplomuddannelse i ledelse, og har de sidste fire år fungeret som afdelingsleder på en folkeskole – men tegning ligger hjertet nær.

Inge Merete Fledelius har forestået illustrationerne i bogen.